ROSE CHIAPPA

Quando as palavras curam

CB123621

Edições BesouroBox
1ª edição | Porto Alegre/RS | 2025

Agradecimentos

À minha mãe, Nubia Ramos. Por tudo. Sempre.

À querida amiga Ana Lúcia Waclawovsky, por sempre acreditar na minha escrita e me incentivar a escrever.

À amiga querida Josiane Pasa, pela ajuda desprendida que me deu força e confiança para buscar a publicação da minha escrita.

Dedicatória

Em janeiro de 2020
pouco antes da pandemia
encontrei Zé, um ex-colega
Professor de Arte Educação.
Ao saber da minha aposentadoria
(como se estivéssemos a jogar pingue-pongue)
Zé devolve a informação com uma pergunta
- (seus olhos alegres, cheios de expectativa)
– Tu estás escrevendo?
Eu não estava.
Por um ano
a pergunta de Zé
desassossegou-me, cutucou-me.
"Tu estás escrevendo? Tu estás escrevendo? Tu estás escrevendo?"
E, nos meus momentos aleatórios e fugidios de escrita,
eu enxergava Zé, bem ali na minha frente, e ouvia a sua pergunta
"Tu estás escrevendo?"
Um ano mais tarde,
Eu me ponho a escrever
de forma dedicada e
mais ou menos
sistematizada e disciplinada
esperando,
um dia, reencontrar Zé
e poder responder "Sim" à sua pergunta.

Em fins de 2021,

lidando com as Ironias da Vida e com as surpresas que o Universo jogava sem piedade no meu colo

Eu escrevia aos trancos e barrancos,

bravamente,

teimosamente...

enquanto era obrigada a encarar

a finitude e a fragilidade do abençoado corpo

que me permite jornadear por esse lindo e sofrido Planetinha Azul chamado Terra.

E então, Rosângela, numa amorosa e solidária sessão de *Reike* me faz uma pergunta:

– Rose, o que é que te encanta?

O que é que me encanta?

Bem, a resposta está aqui nas suas mãos, querida leitora, querido leitor...

Assim, dedico este livro ao Professor José Luiz Lopes, à farmacêutica Rosângela Aparecida da Rosa e a todos os Fazedores de Perguntas,

perguntas instigantes,

perguntas desafiantes,

perguntas desacomodantes,

perguntas cutucantes...

perguntas que nos levam a abrir portas,

descobrir caminhos,

desbravar mundos

na Busca das suas respostas.

Porque, como eu já ouvi em algum lugar:

“Não são as respostas que movem o mundo. São as perguntas.”

Rose Chiappa

Sumário

A você, que está prestes a ler este livro... 9
Reflexões sobre o poema "Arroz", de cheon yang-hee.. 11
O vendedor de morangos 13
Aposentadoria 16
Vende 19
Depois que o mundo parou 22
Depois que a vida mudou todas as perguntas 25
O universo não erra de porta 27
As estações que passam 30
Yoga 32
O sorriso florido 33
Voo da alma 35
A algaria verde 37
Le jardin 38

Teimosia 41
Um momento especial 43
Vem 45
Intersecção 47
Pó de estrelas 49
Esperar 51
Uma tarde cinza de chuva 53
Hoje eu caminhei na chuva 55
Não me diga "eu te amo" 57
Stillness 60
Whisper in my ear 63
The bench surrounded by hydrangeas 65
The bubble in winter morning 67
A cor da esperança 69
Um dia 71
Sobre mim 75
À guisa de despedida 79

A você, que está prestes a ler este livro...

Viajante da Vida (*Você*), por algum motivo, estas palavras chegaram a Você.

A maior parte deste livro foi escrita entre 2020 e 2022, portanto, durante a Pandemia de Covid-19. E, não. Este não é mais um livro sobre a Pandemia, mas um livro escrito *durante* o seu curso. Foi uma coincidência, pois, conforme poetei na dedicatória, estes escritos partem de um desassossego que me instigou por um ano.

QUANDO AS PALAVRAS CURAM retrata uma visão sobre o mundo e os acontecimentos; e porque ninguém se interessaria em conversar sobre o manacá da esquina que floresce a qualquer momento do ano ou sobre a luz mirífica do entardecer sobre o chafariz do Parque Germânia, eu escrevi. Poetei a chuva, as surpresas da vida, a dor, o desamor, o medo, a confusão, poetei a Vida e agora entrego toda essa vida poetada a Você.

Por quê? Porque eu só me completo como escritora quando alguém lê os meus escritos; enquanto estes permanecerem guardados no meu computador, serei como uma borboleta de uma asa só. Porque, enquanto eu não entregar a minha escrita ao mundo, estarei incompleta – borboleta faltando uma asa –, pois a palavra escrita precisa ser Lida para completar-se e cumprir seu destino. Entregar minhas palavras a Você significa completar a minha metamorfose de lagarta a borboleta e poderei, de fato, existir enquanto Poeta, enquanto Escritora, porque o que eu escrevi foi lido. É um ciclo que se completa.

Espero, ardentemente, que ler *QUANDO AS PALAVRAS CURAM* lhe traga a mesma felicidade que senti ao escrevê-las. E, se essas palavras te curarem de alguma coisa, sossegarem os teus desassossegos, te aconchegarem numa cinzenta e chuvosa tarde de domingo, então eu não apenas estarei completa, mas também estarei feliz.

Boa leitura.

Reflexões sobre o poema "arroz", de Cheon Yang-hee

No dia 9/12/2020, assistindo ao último episódio do dorama "Let's eat 1", me deparei com este poema em sua cena final:

"ARROZ" *(Cheon Yang-hee)*
"Para você que diz comer muito por se sentir sozinho.
Para você que diz dormir muito por estar entediado.
Para você que diz chorar muito por estar triste.
Escrevo para você.
Mastigue seu coração apertado como se fosse arroz.
Porque, não importa o que aconteça, a vida foi feita para você digeri-la."

O poema mexeu comigo. No dia seguinte, eu o copiei. Por dias, eu o li e reli, intrigada com as palavras da autora: "*Mastigue seu coração apertado como se fosse arroz*". Então, uns bons quinze dias depois, eu entendi o espírito do poema e vi que Yang-hee estava certa ao afirmar que "*a vida foi feita para você digeri-la*".

Entre todos os processos do corpo humano, a digestão é a responsável pela nossa vida e sobrevivência, a digestão é responsável pela manutenção do nosso corpo vivo e funcionando.

Mas o que é a digestão?

Em uma explicação bem simples, trata-se de reter o que é bom e jogar fora o que não presta. Nós consumimos os alimentos e a digestão se encarrega de processar e transformar o que comemos. O que serve para a manutenção do corpo e da vida fica e o que não presta para nós é eliminado, jogado fora. A digestão começa na mastigação.

Na vida, estamos expostos a um sem-número de acontecimentos, informações, ensinamentos, sentimentos, sensações – "alimentos" para o nosso Espírito, a nossa alma. Tudo a nossa volta "entra" em nós através dos nossos olhos, ouvidos, dos nossos sentidos. Algumas coisas são boas, mas nem tudo presta...

Na vida, precisamos aprender a deixar para trás o que não nos serve, o que nos atrasa, o que nos machuca, o que nos impede de crescer e evoluir. São Paulo já dizia, falando de escolhas: "*Nem tudo me convém*".

Coisas boas e coisas ruins vão "entrar' em nossa alma. Assim, Yang-hee está correta: devemos "mastigar" essas coisas, iniciar o seu processo de digestão, e reter o que é bom, o que "mantém" o nosso Espírito e jogar fora o que não presta e não serve para nós em nossa vida.

Realmente, a poeta Cheon Yang-hee tinha razão em sua afirmação: "*[...] não importa o que aconteça, a vida foi feita para você digeri-la*". Porque viver trata-se disto: ficar com o que presta e jogar fora o que não presta.

O vendedor de morangos*

Manhã de segunda-feira, dia 11/10. Feriadão. Uma segunda-feira atípica com pouco movimento de carros. Estou voltando do Centro Histórico. O que não faz uma pandemia na vida da gente? Depois de 25 anos dirigindo, passei a ir ao Centro de carro – qualquer morador de Porto Alegre ou das cidades vizinhas sabe que ir ao Centro dirigindo é uma roubada: muito movimento, difícil de estacionar, uma verdadeira muvuca! Mas, com a pandemia, novos hábitos tiveram que ser incorporados nas nossas vidas enquanto velhos hábitos foram pras cucuias! Assim, do ponto de vista de segurança sanitária, é mais seguro ir de carro, mesmo que seja ao Centro (para os que podem, para os que não podem resta uma prece e um "*Seja o que Deus quiser!*").

Estou retornando para casa. Quando chego na sinaleira, um vendedor de morangos me oferece seu produto. Eu recuso – quatro caixas de morangos é muito para nós duas. Mamãe está ao meu lado no carona. Ele insiste mais um pouquinho, eu olho fixamente nos seus olhos, tento imprimir um sorriso no meu olhar, compensando o dos

* Texto escrito em outubro de 2021.

lábios, que está escondido pela máscara, torno a recusar e lhe desejo um bom dia. Talvez meu "*bom dia*" ou o meu olhar tenham lhe servido de incentivo e ele pergunta se nos vacinamos contra a COVID-19. Eu respondo que nós duas estamos com a vacinação completa e aponto para mamãe informando que ela fará a sua terceira dose nos próximos dias. E ele me responde:

– Eu também já tomei a minha! – tira a sua carteira de vacinação do bolso da sua camisa e a exibe radiante; sua expressão é um misto de alegria, alívio, orgulho. Mamãe e eu batemos palmas lhe dando os parabéns. A sinaleira abre, eu me despeço dele e sigo o meu caminho. Meu coração está partido. Tem dias que as coisas me pegam e me atingem, como no tempo em que eu lutava *karate* – às vezes, a defesa falhava e entrava um golpe. A vida é um pouco como o *karate*: a gente tem que estar atenta para os seus golpes. O que acontece é que, em algumas ocasiões, a guarda está baixa e o golpe nos pega. Só que, na luta da vida, o *dojo** é o dia a dia. Hoje, no *Dojo* da Vida, a conversa com o vendedor de morangos burlou a minha defesa e me atingiu; mais uma vez, o golpe entrou e a minha alma está de joelhos, nocauteada, atordoada, rendida. O que mais me surpreende é constatar que ainda sobrou dentro de mim um pedaço do meu coração grande o suficiente para se partir.

A felicidade daquele vendedor de morangos exibindo a sua carteira de vacinação me comove, é uma lição de vida. Ah, o povo brasileiro! Esse povo feito de gente simples e teimosa, resiliente, que, contra todas as adversidades, sai todos os dias para lutar pela sua sobrevivência

---

* *Dojo* (japonês): local do caminho.

encontrando alegria nas coisas mais corriqueiras. Lembro-me dos versos da música "Gente humilde", que muitos cantaram, mas é a voz da Angela Maria – a Sapoti – que aciona os arquivos do meu cérebro e do meu coração:

> *[...] dessa gente*
> *que vai em frente*
> *sem nem ter com quem contar*
> *[...]*
> *Peço a Deus por minha gente*
> *é gente humilde*
> *que vontade de chorar*

Pergunto-me quantos há como esse vendedor de morangos espalhados pelo Brasil, ansiando pela vacina, comemorando a sua vacina, sentindo-se gratos e seguros pela vacina que lhes permite retomar suas vidas e seguir com a sua luta diária e seu trabalho. Quantos há como ele, trabalhando para conseguir uns trocados e garantir a refeição do dia e que saem de casa felizes e aliviados porque conseguiram se vacinar? Teimosos, seguindo alegres e sorrindo contra todos os revezes que nos atingiram e ainda irão nos atingir.

Aposentadoria

Aposentadoria.

O que é isso?

Um rito de passagem poderoso.

Um divisor de águas.

Uma nova etapa.

Uma nova vida com novos paradigmas.

Um novo momento.

Também é fim, encerramento.

Não é fácil.

Eu desejei a minha aposentadoria. Esperei ansiosamente por ela. Eu a quis. Muito.

Porém, que surpresa! O fato de eu querer e desejá-la não me impediu de me sentir confusa, perdida.

A aposentadoria é uma coisa interessante: não tem preparo para ela. Diferente de trabalhar.

No momento em que entramos no Jardim da Infância, sabemos que iremos trabalhar e nos preparamos para isso durante toda a escolaridade, sabemos o que temos que fazer, recebemos informações sobre as regras do jogo: ter responsabilidade, chegar no horário, desempenhar com profissionalismo e competência a tarefa que escolhemos, não ser agente de perturbação no ambiente de trabalho, procurar dar o nosso melhor. Com a aposentadoria não acontece o mesmo: ninguém te prepara para ela ou te acena com dicas "quando tu te aposentar..." Sabemos apenas que, um dia, vamos nos aposentar. Um dia... Tão longe... Até que esse dia chega. E aí?

Ah, pois é... E aí...

Ninguém te prepara, ninguém concebe apostilas, não tem tutorial ou, para as pessoas que desconhecem a língua portuguesa, não tem *coach*... Nada.

E, por mais que eu quisesse me aposentar, fiquei perdida. Cheia de questionamentos.

O que eu vou fazer?

O que eu quero?

O que eu faço com o restante da minha vida?

Quem sou eu agora que não estou mais trabalhando?

E para completar, para virar o meu mundo de cabeça para baixo, ainda veio uma pandemia! Ah! Ah! Ah!

Nos primeiros dias de pandemia, aqueles que lidavam com os doentes perceberam que o vírus da Covid-19 tinha uma certa preferência por complicar e matar alguns grupos demográficos específicos mais do que outros e tanto eu quanto minha mãe estávamos enquadradas nos chamados grupos de risco. Então, naquele momento, foi preciso restabelecer prioridades.

Prioridade número 1: VIVER! Não ficar doente! Não me ver reduzida a um número, a uma estatística. Proteger a minha mãe. Não ir para o hospital! Viver o hoje!

E assim eu fiz.

Até agora.

Eu estou viva. Não fiquei doente nem a minha mãe. Estou vacinada. Minha mãe está vacinada. A pandemia está recuando. E eu estou aposentada.

E agora?

Não sei.

"E agora?" – (essa é a pergunta do milhão).

Eu não sei. Não tenho uma resposta. Em vão procuro um tutorial no YouTube, mas ele não existe.

Estou só. Procurando as respostas. Será que existem respostas? Comecei a desconfiar de que não...

Talvez seja isto que eu tenha que fazer: criar as respostas, criar as minhas próprias regras para esse jogo.

Vende*

"*VENDE*". Uma placa com uma única palavra e dois números de telefone.

"*VENDE*". Uma palavra, duas sílabas.

"*VENDE*". Ninguém imagina o que está por trás de uma placa de "*VENDE*".

Uma janela fechada. Uma placa.

Uma janela que antes se abria agora permanece fechada – noite e dia, noite e dia, noite e dia...

A placa só está lá porque quem morava naquele apartamento morreu. Agora, outra família irá morar ali, outras histórias terão lugar entre aquelas paredes.

A janela fechada e a placa machucam o meu coração. Seu silêncio grita, são o ponto final de uma longa história.

"*VENDE*".

Essa palavra tão pequena parece zombar de uma história que começou há mais de 50 anos. Não conta que abrigou em suas paredes uma história de amor que durou

---

* Texto escrito em outubro de 2021.

mais de meio século. Senhor João e senhora Elaine. Não conta a história de um casal que se conheceu quando ela tinha apenas 17 anos, não conta que eles construíram juntos uma sólida vida de respeito e amor, não conta que esse casal teve duas filhas e um filho, duas netas, um neto e um bisneto. Não conta os bons vizinhos que eles foram. Não conta que o senhor João carregou o caixão do meu pai até a sua sepultura! Não conta que a senhora Elaine, depois que enterraram o meu pai, abraçou-me chorando e sussurrou em meu ouvido:

– Cuida bem dela... – se referia à minha mãe.

"*VENDE*".

Uma palavra com uma informação. Mas que não informa o mais importante: a vida que se desenrolou naquele apartamento. Não dá a conhecer sobre essa história que começou a ser interrompida em 2017, quando o senhor João sucumbiu a um câncer que o fez sofrer muito. Não conta toda a dor que a senhora Elaine sentiu ao ter que viver sem aquele que esteve ao seu lado por mais de 50 anos. Não dá sequer uma pista da luta da senhora Elaine para seguir em frente, para viver e ficar saudável durante a pandemia, do quanto o distanciamento social lhe custou. Até que, justamente durante o procedimento que visava devolver-lhe a saúde, enfim aquele coração que tanto amou parou de bater, permitindo, assim, que a senhora Elaine reencontrasse o seu querido companheiro.

"*VENDE*".

Mais de meio século reduzido a uma palavra que não rende tributo às histórias vividas naquilo que, agora, é apenas um imóvel, uma oportunidade para alguém, um encerramento de ciclo para outros.

"*VENDE*". Uma placa com uma única palavra e dois números de telefone com o poder de amassar o meu coração.

Eu olho aquela placa e desvio o olhar esperando e desejando que esteja próximo o dia em que o apartamento seja vendido e outra família venha iniciar a sua história entre aquelas paredes. Então a vida seguirá com novos rumos, seus tropeços e sobressaltos até que chegue o dia em que aqueles que ali vierem morar terão que encarar a minha janela fechada com uma placa que não irá informar que o meu coração machucado também parou de bater, libertando a minha cansada e sofrida alma para viver em outras paragens.

Depois que o mundo parou*

Ontem, numa troca de mensagens, Juliana comentou que vai parar de vender o Avon, pois não está mais valendo a pena, ela está com poucas clientes, tudo está subindo.

Eu entendo e apoio a decisão dela, mas meu coração doeu... Passou um filminho de tudo o que vivemos juntas: de quando comecei a comprar Avon com ela; de quando a nossa relação se aprofundou em amizade; das vezes em que ela foi ao supermercado para nós naqueles dias mais difíceis da quarentena; daquela segunda-feira em que tive uma crise de asma e ela chegou e começou a me abanar com uma revista numa tentativa singela de me ajudar a respirar.

Eu olho para trás e vejo tudo o que mudou em tão pouco tempo e meu coração dói, dói muito...

O fato de que ainda nesta semana fui até a Casa dos Grãos e Especiarias e descobri que a loja fechou não ajuda muito o meu estado de espírito. A dona estava lá empacotando tudo e conversamos um pouco. Ela contou que não conseguiu renegociar o aluguel, tentou por seis meses, mas não teve jeito. É triste...

---

* Texto escrito em setembro de 2021.

Somado a isso, ainda tem a janela fechada do apartamento da dona Elaine com a placa "Vende" gritando silenciosamente:

– ELA MORREU! ELA MORREU!

A decisão da Juliana, saber que não mais teremos nosso "momentinho Avon", o encerramento da Casa dos Grãos e Especiarias e a janela da senhora Elaine permanentemente fechada são sinais inequívocos de que o mundo à minha volta mudou... A Vida mudou. Não foi uma pausa, um intervalo na realidade cotidiana. Não haverá uma "volta ao normal"; aquele normal esfacelou-se, foi-se para não mais voltar. A súbita consciência desse fato traz consigo uma onda de dor aguda e quase física e a janela com a placa "Vende" é um punhal a rasgar as minhas entranhas, sinto como se algo sangrasse dentro de mim... Pergunto-me como lidar com essa dor que parece me sufocar.

Então lembro as palavras de Suga em sua música "Song Request": "*That's when I become your music [...] So, just lean on me and rest sometimes...*"* Ouço as suas músicas, faço conforme ele recomenda e, sim, me apoio nele e encontro algum consolo em seus versos – nesse menino de 28 anos que poderia ser meu filho.

Hoje, pensando na Juliana e em tudo o que vem acontecendo enquanto olhava para aquela janela fechada que tanto machuca o meu coração, abriu-se um painel em minha mente e enxerguei os sete rapazes do BTS alinhados no seu "MTV Unplugged" cantando "Life goes on", vi o olhar doce de Jung-kook dizendo-me para segurar sua mão e escapar com ele para um futuro melhor. Chego à

* "É quando me tornarei sua música [...] Então, apenas se apoie em mim e descanse um pouco..." (tradução livre).

conclusão, mais uma vez, de que, exatamente como BTS canta em "Life goes on", a vida segue do seu jeito particular virando nosso mundinho sem nenhuma cerimônia e, embora não seja possível saltar direto para um futuro melhor, as músicas do grupo têm me ajudado a suportar esse presente difícil enquanto sigo na Esperança e na espera de dias melhores.

Depois que a vida mudou todas as perguntas

Recentemente, li em algum lugar a seguinte frase:

"*Quando a gente acha que sabe todas as respostas, a vida muda todas as perguntas.*"

Nunca uma frase foi tão verdadeira. Ela cabe neste momento da minha vida como um sapato velho deformado pelos vícios da minha marcha.

Pandemia.

O mundo de joelhos.

Pandemônio.

Egoísmo, indiferença e ignorância escancarados sem pudor.

Sustos, sustos e mais sustos.

Aposentadoria.

Mais sustos.

Variante Ômicron.

Meus ossos frágeis.

Planos e certezas desfeitos como uma nuvem de fumaça.

Tudo o que me sobrou foram dúvidas e perguntas.

A dobradinha 20/21 virou o mundo de cabeça para baixo e o meu mundinho particular também.

Eu olho para este momento e tenho a sensação de que tudo está uma bagunça, uma confusão só, como se tudo no meu roupeiro e nas minhas gavetas tivesse sido posto abaixo. E eu me encontro parada no meio dessa confusão olhando em volta sem saber sequer por onde começar. É assim que eu me sinto diante desse monte de dúvidas, perguntas e novas formas de olhar a minha vida.

Veio a Ironia da Vida e colocou tudo abaixo, desarrumando o meu Arrumadinho tão bonitinho, cuidadosamente arranjado com cada coisinha em seu lugar. Olho a bagunça e não sei o que fazer, não tenho sequer um plano – nem que seja para descartá-lo. E a maior de todas as ironias: quando todos os meus planos, certezas e respostas ruíram, uma das primeiras coisas que eu fiz foi exatamente o *contrário* de um dos planos que eu tecera cuidadosamente com todos os detalhes. O *contrário*! Novamente, a Ironia da Vida zombando e rindo de mim, e outra grande ironia: eu ri junto com ela!

Só uma certeza me sobrou, que é também a consciência aguda da única coisa que realmente temos: o Aqui e o Agora. Isso foi o que me sobrou: viver o Hoje, o Aqui e o Agora, enquanto lentamente começo a tentar organizar algumas prateleiras sabendo que as respostas virão com o Tempo e que é preciso ter Paciência.

Sim, aqui estou eu na tarefa de reorganizar o meu Arrumadinho, mesmo sabendo que, mais ali na frente, a Ironia da Vida voltará para bagunçar tudo outra vez porque é assim que é a Vida: nada é garantido e, ao que parece, a Ironia da Vida adora tirar as coisas do lugar, principalmente quando a Humanidade em sua cósmica pequenez se ilude acreditando que tem tudo sob controle.

O universo não erra de porta

O Universo bateu na minha porta e deixou um embrulho na soleira.

Ao abrir, reconheci uma parte da minha alma que eu havia perdido e nem lembrava mais... Levantei a cabeça e avistei o Universo alguns passos adiante.

– O que é isso? – perguntei.

– Não lembra? Você perdeu há muitos anos... É seu...

– Sim, eu me lembro... Mas, por que agora? Não faz mais diferença...

– Quem disse? É parte de você. Precisa desse caquinho para se recompor – e saiu apressado, devia estar cheio de entregas para aquele dia.

Fico olhando para o que retornou para mim, sou invadida por um sentimento de alívio e completude. Talvez aquele caquinho de alma fizesse mesmo alguma falta...

Passaram-se os dias, as semanas. Nova batida na porta. Outro embrulho na soleira. E enxergo o Universo se afastando. Abro o pacote e fico surpresa ao me deparar com algo que eu julgava ter ficado para trás.

– Não! Não! Por que isso? Por que, de novo, depois de tantos anos, tenho que lidar com isso? Volta aqui! Você se enganou!

O Universo olha para mim impassível e responde:

– Eu nunca me engano. Nunca erro de porta. Isso deixará de te pertencer um dia, mas, por ora, você ainda tem umas coisinhas para aprender com esse embrulho.

Aborrecida, olho o conteúdo e pergunto:

– Quando, então, isso terá fim? Quando, então, chegará o dia em que não terei mais que lidar com isso?

Sem se alterar, o Universo responde:

– Isso eu não sei. Eu só faço as entregas – e sai sem olhar para trás, carregando sua grande bolsa cheia de pacotes.

Aquele pacote me machuca e me intriga. Mas enfim, lá vou eu lidar novamente com aquilo; afinal, o Universo não erra.

Dias e dias se passam. Nova batida na porta. Outro embrulho na soleira. Um pacote lindo, dessa vez, e seu conteúdo me deixa confusa, muito confusa. Agora, sim, tem coisa errada! Lá vai o Universo quase dobrando a esquina, mas eu o chamo:

– Só um pouquinho! Dessa vez, sim, você se enganou. Eu abri mão disso. Não é mais meu. Deve ser para outra pessoa. Você trocou os pacotes.

Com a mesma impassibilidade das demais visitas, o Universo me olha e responde:

– Eu já disse que não me engano. Isso é *seu*.

Olho chocada e respondo:

– Mas eu nunca soube o que fazer com isso, agora menos ainda...

O Universo inclina um pouco a cabeça e me encara, percebo um traço de compreensão em seu olhar e ele me responde com paciência:

– Você não pode abrir mão do que é *seu*. Evitar algo não é aprender. Fingir que não existe não impede que esse algo exista. Por mais que você ignore, isso é *seu*.

Baixo a cabeça para o pacote e resmungo:

– Não sei o que fazer... Nunca entendi qual é a serventia disso...

O Universo sorri enigmático e me responde:

– Talvez você precise aprender com esse pacote a ter um olhar menos pragmático sobre as coisas... Enfim, é *seu*!

E sai encerrando a conversa, sua bolsa está abarrotada e é possível ouvir uma cacofonia de gritos, risos e choro saindo dos embrulhos.

Volto para dentro e coloco aquela caixa junto com as outras tantas que recebi. Não bastasse a bagunça da Ironia da Vida, ainda tenho que lidar com os pacotes do Universo... Assim, fica difícil!

Decido não mais atender as batidas na porta. Cansei!

Dias e dias se passaram. Não houve mais batidas, concluo que o Universo encerrou suas entregas para mim.

É verão e a noite está quente, chego à janela para fechá-la e dou com um embrulhinho no parapeito. Vasculho a escuridão, mas não enxergo o Universo. Sabe-se lá quanto tempo faz que a entrega foi feita. Dessa vez, ele deixou a sua encomenda e não quis nem conversa comigo.

Contemplo o pacote antes de abri-lo e pergunto-me o que mais o Universo irá me trazer. Sim, eu tenho um pouco de receio dos seus embrulhos, mas já sei que esse receio não irá impedir o Universo de deixar na minha porta o que é meu. Afinal, como ele mesmo fez questão de me esclarecer, *o Universo não erra de porta*.

As estações que passam*

O Sol venceu a barreira das nuvens.

Vejo o céu de um azul límpido recortado pela copa das árvores atrás do prédio. É Verão e os tons de verde são variados e intensos refletindo a luz do Sol.

Por quase dois anos, eu vi a passagem das estações através dessa janela, aprendi a identificar o que há de característico em cada uma. Vi as folhas mudarem, caírem e voltarem a brotar, vi os mais diferentes tons de verde, conforme a época do ano. Vi a luz mudar conforme nosso amado e sofrido planetinha azul avançou em sua rota em torno do Sol. A vista pode ser a mesma, mas a luz e os tons mudam.

O vento tem sido uma constante, o que muda é a sua direção; se ele sopra do sul, do leste ou do norte, fará um barulho diferente na minha janela e nas árvores. Tem um vento em particular que faz a minha janela bater com insistência e esse me desassossega.

No Verão, a luz é intensa e brilhante e o canto das cigarras se faz ouvir desde a manhã. No Outono, a luz é dourada. No Inverno, o verde das árvores é mais esmaecido,

* Texto escrito em janeiro de 2022.

tem aquelas que perdem as suas folhas, a luz não é tão brilhante e o cinza é mais frequente. Por volta do mês de agosto, os sabiás voltam a cantar prenunciando a Primavera, seu canto é uma sinfonia de esperança a lembrar o fim e o recomeço dos ciclos da vida. E então a Primavera retorna, quando tudo é colorido e luminoso e algumas tardes são mornas e perfumadas; a Primavera tem um cheiro que é só dela.

Pergunto-me quantas estações mais observarei durante a pandemia. Ou melhor, a passagem de quantas estações a pandemia me obrigará a assistir apenas através da minha janela?

Yoga

Yoga é uma oração que eu rezo com todo o corpo.
Yoga é o meu lugar de cura.
Meu lugar de equilíbrio.
Meu lugar de reconexão.
Yoga é o *meu lugar*.
Algumas posturas são a minha casa,
a verdadeira casa da minha alma desterrada,
que encontra
finalmente
o *seu lugar*.
Minha alma, que tem a saudade por gêmea siamesa
e encontra na yoga o seu ponto de reconexão, a sua completude.
Nesse lugar
marcado por um tempo fora do tempo,
um tempo
regido pela passagem das posturas,
pela alternância
entre inalar e exalar,
entre força e leveza,
entre desafio e limite,
entre aceitação e ousadia,
entre permanecer e partir...

O sorriso florido*

Pandemia
Pandemônio
Quarentena
Distanciamento social.
Da minha janela enxergo
um ipê cor-de-rosa
do outro lado da rua
– todo florido –
um buquê cor-de-rosa
que Deus me entrega
todos os dias, quando abro a janela.
Aquelas flores cor-de-rosa
viçosas
(tão poderosas em sua simplicidade)
sorriem para mim
e me alegram...
me pacificam...
me tranquilizam...
Sossegam
os meus desassossegos todos.

* Texto escrito no final de julho de 2020.

O dia virá...
com suas dores,
seus sobressaltos,
seus desacertos,
dissabores, até...
com novos e velhos desassossegos...
Mas o ipê rosa
está lá.
Na janela
florido
sorrindo pra mim
como a me dizer:
– Eu flori só pra você!

Voo da alma

6:40 da manhã.
Amanhece o dia...
Pranayama.
Inspiro.
Expiro.
A voz doce e aveludada de Jooyoung me leva
para outro lugar,
pleno de paz...
de amor...
Inspiro.
Expiro.
Minha alma voa
plena,
liberta,
feliz!
Inspiro.
Expiro.
Namastê invertida.
Inspiro.
Expiro.
É hora de voltar...
Teimosa,

minha alma ainda dá mais algumas piruetas,
dançando pelo espaço!
Inspiro.
Expiro.
6:55...
Feliz
de alma e corpo leves
dou início a um novo dia
– no meio de uma pandemia –
(vai passar)
Namastê

A algaria verde

Da minha janela
assisto à festa das caturritas.
Elas vêm
em alegre revoada.
E pousam nas árvores atrás do prédio.
Voam em bando
alegres, barulhentas,
escandalosas em sua algazarra verde
– verde como a Esperança.
Será por isso que a cor da Esperança é verde?
Sua alegria
nessa folia voadora
me contagia
e me enche de Esperança.
Sua algaria
nessa revoada
(no meio de uma pandemia!)
pacifica meus desassossegos
e me traz alegria
e
Esperança.
Verde
como a penugem
das caturritas.

Le jardin

J'ai besoin d'un jardin
parfumé
plein de fleurs
coloré
illuminé
ensoleillé...
Mais, je ne l'ai pas
Tout que j'ai
sont les fenêtres
de mon appartment
par où entre le soleil
et le doux parfum
des oranger en fleur
qu'il y dans le quartier.
Je peux voir
un *Handroanthus heptaphyllus* fleuri
– un sourire rose –
Mais, c'est dans les après midi tièdes
au début de septembre
– quand le parfum des fleurs d'oranger est partout –
que mon coeur manque plus fermement
un jardin...
Et je rêve...

Et, donc, je me souviens
du Petit Prince...
et inspiré par lui
je pense que
j'amairait bien trouver
un dessinateur
et lui demander:
"S'il vou plaît, dessine-moi un jardin...
Dessine-moi un jardin
plein de couleur,
plein de soleil,
plein de fleurs,
parfumé par les fleurs d'oranger
avec um banc entouré des hortensias
où je peux m'asseoir
et rêver
et laisser mon corp et mon âme
se réchauffer...
Dessine-moi un jardin..."

O jardim

Sinto falta de um jardim
perfumado
florido
colorido
iluminado
ensolarado...
Mas eu não tenho um.
Tudo o que tenho
são as janelas
do meu apartamento

por onde o sol entra
e o doce perfume
das laranjeiras em flor
espalhadas pela vizinhança.
Por uma delas consigo ver
um ipê cor-de-rosa florido
– um sorriso rosa –
Mas é nas tardes mornas
do início de setembro
– quando o perfume da flor de laranjeira está por tudo –
que meu coração anseia mais fortemente
por um jardim...
E eu sonho...
E, então, eu me lembro
do Pequeno Príncipe...
e inspirada por ele
eu penso que
gostaria muito de encontrar
um desenhista
e lhe pedir:
"Por favor, me desenha um jardim...
Me desenha um jardim
pleno de cores,
pleno de sol,
pleno de flores,
perfumado pelas laranjeiras em flor
com um banco rodeado de hortênsias
onde eu possa me sentar
e sonhar
e deixar meu corpo e minha alma
se aquecerem...
Me desenha um jardim..."

Teimosia

Na esquina da minha rua
tem um manacá-de-cheiro.
Ele é teimoso
floresce quando quer.
Floresce, floresce
a qualquer momento do ano
– completamente fora dos atavismos da sua espécie.
Janeiro!
E lá está ele
com algumas flores
salpicado de lilás e branco!
Abril! Maio!
(também)
Não importa a época
Esse manacá teimoso,
resiliente,
voluntarioso,
reúne todas as suas forças
para florir
nem que seja
uma única flor.

Pergunto-me se
Deus
ao criar aquela semente e enviá-la à Terra
deu-lhe uma Ordem:
– Você será diferente.
E lá está ele
no cruzamento das ruas Fernando Abbott e Edmundo Bastian
O manacá teimoso
com sua missão
de não ser como os outros.
Mostrando com sua força
florida e colorida
que está tudo bem
ser diferente
fazer o que ninguém mais faz.
Os outros manacás da rua
se escandalizam:
"O que deu em você?
Recolha as suas flores!
Não é época de florir..."
E, em pleno janeiro ou fevereiro,
o manacá teimoso
apresenta suas flores
como a responder:
"Quem disse?
Eu faço o que eu quero!
Eu nasci para florir!"

Um momento especial

Primeiro dia de fevereiro. Ano: 2022. Dois anos de pandemia.

Fim de tarde.

Caminho pela avenida Túlio de Rose.

É verão e o dia está quente.

Volto para casa, depois de uma tarde feliz na companhia de uma amiga.

Depois de duas horas de conversa inspiradora,
o laço de fita
– a arrematar o que foi um verdadeiro presente –
ainda está por vir:
a caminhada de volta.
O céu está limpo
e o Sol derrama
todo o seu poder e Luz
sobre o Parque Germânia
aplicando sobre a vista
um filtro que nenhuma câmera fotográfica é capaz de igualar.

Palavras não descrevem essa visão,
é preciso estar lá para ver, ouvir e sentir:

a Luz, o Sol, o chafariz do parque, as andorinhas e caturritas em revoada
e as flores do caminho oferecendo uma profusão de cores e tons
– rosa, fúcsia, magenta, amarelo, branco... –
Mas
– acima de tudo –
a Luz,
a luz onipotente, poderosa, curativa.
E então,
em algum ponto dessa caminhada,
que é, ao mesmo tempo,
poesia, pintura e sinfonia
criada pelo cosmos,
percebo que todo o quadro me cura
de alguma coisa
que eu nem sei o que é...
Ainda há uma pandemia,
a Ômicron segue fazendo estragos no Planetinha Azul.
Mas esse quadro vivo
– com sua beleza singela e poderosa –
parece reafirmar:
– Tenha Esperança. Nunca perca a Esperança.
Olho tudo à minha volta
antes de entrar numa ruazinha lateral e
deixar a área do Parque.
Tomo o rumo do bairro Cristo Redentor
levando no coração
Cura
e muita Gratidão.

Vem

"Vem"
"Gaja"
"Let's go"
"Andiamo"
Uma palavra capaz de tocar as mais profundas cordas da minha alma.
Tem uma sonoridade especial.
Vem. Gaja. Let's go. Andiamo.
Quantas possibilidades numa única palavra...
Vem. Gaja. Let's go. Andiamo.
Soa como um sussurro, uma brisa.
Vem. Gaja. Let's go. Andiamo.
Me faz pensar numa mão estendida
Um olhar expectante...
Uma piscadela de incentivo.
Vem. Gaja. Let's go. Andiamo.
Um convite
para um lugar melhor...
para sair da solidão...
para me aquecer ao Sol...
para morgar entre as hortênsias...
para seguir por uma trilha de estrelas ao luar...

para cruzar o portal entre os mundos
numa floresta de bambus...
Vem. Gaja. Let's go. Andiamo.
A mão segue estendida.
Esperando pela minha...
Vem. Gaja. Let's go. Andiamo.
Tudo o que eu tenho que fazer
É estender a minha própria mão...
E ir...
Vem. Gaja. Let's go. Andiamo.
Eu fui.

Intersecção

Intersecção
"encontro de duas linhas".
Na teoria dos conjuntos,
a intersecção é formada por elementos que pertencem
aos conjuntos A e B.
Intersecção
Pode ser também
o espaço do possível
entre tantos impossíveis:
Latitude. Longitude
Crenças. Descrenças
Antes. Depois
Cicatrizes. Desalentos. Remendos. Desencantos
Tudo separa.
Mas
(entre tantos interditos)
Existe um espaço de possível
uma Intersecção
entre mundos
– tão diversos e afastados –
E nesse minúsculo ponto de possível

– entre tantas distonias –
O infinito se estabelece
e almas se encontram
e se sintonizam
e se sincronizam
e se apoiam
e se complementam
e se reconhecem
Intersecção
O espaço que dá lugar
para o inesperado, o improvável, o inimaginado, o imprevisto, o etéreo, o fugidio...
Onde tudo pode acontecer
até mesmo
– por que não? –
O Amor.

Pó de estrelas

Um dia houve uma explosão estelar, gerando uma chuva de novas estrelas.

Uma delas vagou solitária pelo espaço infinito,

por anos a fio percorreu o Universo fazendo seu caminho, aprendendo a brilhar do seu jeito próprio.

Então, muitos e muitos anos depois, outra explosão estelar aconteceu com uma nova chuva

de novas estrelas.

Uma dessas novas estrelas também vagou solitária,

abrindo rotas diferentes das percorridas pelas outras estrelas.

Eram duas estrelas errantes, cada uma em sua rota brilhando em sua solidão.

Talvez chegue um momento em que o destino finalmente fará a sua parte e essas duas estrelas se chocarão, gerando outra chuva de pó estelar.

O que virá depois disso? Ninguém sabe...

Pó de estrelas em forma de brilho intenso, de risos, de silêncios, de música e poesia.

Talvez uma trilha de Luz e Amor a guiar corações cansados e ressequidos, provando que, afinal, TUDO é possível.

Pó de estrelas em forma de possibilidades impensadas, surpreendendo o desencanto de quem perdeu a Esperança.

Ou talvez essas duas estrelas jamais cruzem suas rotas nesta vida.

E cada uma seguirá os trilhos do destino na mais completa solidão.

Eu, porém, gosto de pensar que está muito próximo o dia em que essas duas estrelas se encontrarão.

É por isso que todas as noites eu olho para o céu esperando ver a trilha de poeira luminosa formada por esse encontro.

Esperar

Esperar.
Nada a fazer.
Só esperar.
O que podia ser feito...
Foi feito.
O que estava em meu poder fazer...
Eu fiz.
Não há mais nada.
Agora,
é esperar.
Esperar
os segundos... os minutos... as horas...
A tarde passar.
A noite chegar.
Esperar a madrugada.
Esperar o amanhecer.
Esperar um novo dia.
E, com ele,
um novo arrastar de segundos, minutos e horas...
E esperar
uma resposta... uma definição... mais indefinição...

Esperar...
Uma boa notícia.
Más notícias.
A pior das notícias.
Esperar.
Não posso fazer mais nada.
Nada mais me sobrou a fazer
a não ser esperar.
O que é que virá?
Será vida?
Será morte?
O que será?
Será um "está tudo bem"?
Será um "continue esperando"?
Será um "sinto muito pela sua perda"?
Esperar.
É só o que eu posso fazer:
Esperar. Esperar. Esperar. Esperar.
Mas...
eu não fui feita para esperar...
Não é da minha *Natureza* esperar.
– muito menos por algo que eu nem sei o que é para vir –
Mas,
pelo visto,
vou ter que aprender.

Uma tarde cinza de chuva*

Preciso de uma tarde cinza de chuva.
Preciso...
ouvir o acalanto dos pingos nos telhados e do farfalhar das árvores
para alentar a minha alma cansada e sofrida...

Preciso de uma tarde cinza de chuva...
para escutar sua batida monocórdica na janela...
e assim apaziguar meus medos

Preciso de uma tarde cinza de chuva
para lavar o luto da minha alma...
e pensar as feridas abertas
pelo egoísmo e pela indiferença...

Preciso de uma tarde cinza de chuva
para entoar um réquiem
a todos que morreram e ainda irão morrer...

* Texto escrito em março de 2021.

Preciso de uma tarde cinza de chuva
para acalentar meu coração dolorido...
E, assim,
dar lugar para a Luz e a Esperança em novos e melhores dias...
Mas hoje...
preciso do acalanto de uma tarde cinza de chuva.
Para amanhã
poder receber com alegria
o Sol
de um novo dia.

Hoje eu caminhei na chuva

Hoje eu caminhei na chuva, caminhei na chuva, caminhei na chuva...

Tudo à minha volta
estava cinza e fumarento
o ar denso,
pesado,
cinzento.
A água acumulou no meio-fio,
as pessoas corriam, fugiam.
Mas eu não fugi da chuva.

Hoje eu caminhei na chuva, caminhei na chuva, caminhei na chuva...
E às nuvens pesadas e cinzentas
que desabavam sua água sobre a cidade
Juntei as nuvens dos meus medos, das minhas dores, dos meus desassossegos,
da minha confusão...

Hoje eu caminhei na chuva, caminhei na chuva, caminhei na chuva,

E desaguei
os pesos da minha alma
na atmosfera
cinza e fumarenta
à minha volta.
Caminhei na chuva.
E chovi as minhas dores
junto com a Natureza
fazendo eco às dores de Gaia.

Hoje eu caminhei na chuva, caminhei na chuva, caminhei na chuva...
E *tudo* para trás deixei...
Amanhã
o Sol vai brilhar
na cidade
e também na minha alma.
Mas hoje...
Aaahhh, *hoje*!...
Hoje eu caminhei na chuva...

Não me diga "eu te amo"

Por favor,
não me diga "Eu te amo".
Essas palavras nada significam para mim.
Em vez disso,
segure a minha mão quando eu tiver medo.
Não ridicularize os meus medos
compreenda-os.

Por favor,
não me diga "Eu te amo".
Essas palavras nada significam para mim.
Em vez disso,
não me dê as costas quando eu tiver que encarar a morte dos meus queridos.
Fique ao meu lado
em silêncio...
Mas não me deixe lidar sozinha com isso.

Por favor,
não me diga "Eu te amo".
Essas palavras nada significam para mim.

Em vez disso,
não se afaste
se os meus ossos se partirem e meus ligamentos se romperem.
Enxergue a minha fragilidade e me ajude.

Por favor,
não me diga "Eu te amo".
Essas palavras nada significam para mim.
Em vez disso,
não se impaciente
quando a febre queimar meu corpo e a tosse me sacudir inteira
por noites e noites sem fim...
Aceite que a doença me abateu e não finja que está tudo bem.

Por favor,
não me diga "Eu te amo".
Essas palavras nada significam para mim.
Em vez disso,
não se irrite
quando os pesadelos me arrancarem
aos gritos do meu sono.
Segure a minha mão e espere comigo até que eu pare de sentir medo.

Por favor,
não me diga "Eu te amo".
Essas palavras nada significam para mim.

Em vez disso,
não zombe dos meus tesouros.
Respeite o que é importante para mim.

Por favor,
Não me diga "Eu te amo".
Essas palavras nada significam para mim.
Em vez disso,
apenas fique ao meu lado.
E se, após a passagem dos anos, do vigor, da beleza, da saúde...
Você ainda sentir afeto por mim,
ainda assim,
não me diga "Eu te amo".
Pois essas palavras nada significam para mim.
Em vez disso,
quando a hora derradeira chegar,
– para você ou para mim –
Então, sim, me diga
que apreciou a minha companhia
e que a sua vida foi melhor porque eu fiz parte dela.
Mas não me diga "Eu te amo".
Porque essas palavras nada significam para mim.

Stillness

Stillness
My favorite English word
I like its sonority
its meaning
I also like the picture
that I see in my head
when I say or think
“stillness”:
The first hours of dawn
the silence
the breathing facing a new beginning
The *silence.*
no noises. no thoughts. no pains. no fears.
Stillness matches up with peace…
Just me
in the living room
with a cup of coffee
surrounded by stillness and dawn
Even the wounds in my soul
are in silence
– they don’t scream –
(for now)

Stillness. Dawn. Coffee. No noises. No pain. Nothing.
Just an instant
of peace
before
the unknown
of a new day
in a rough world.

Dawn and coffee
for now
I have stillness
and
I'm in peace
Oh!
I really love stillness…

Quietude

Minha palavra favorita em inglês
gosto da sonoridade
do significado
Eu também gosto do que eu vejo
na minha mente
quando eu digo ou penso:
"*stillness*":
As primeiras horas da madrugada
o silêncio
o respirar de um novo começo
O *silêncio*
nenhum barulho. nenhum pensamento. nenhuma dor. nenhum medo.
Quietude combina com paz…

Apenas eu
sentada na sala
com uma xícara de café
cercada pela quietude e pela madrugada
Até as feridas da minha alma
estão silenciosas
– não estão gritando –
(por enquanto)

Quietude. Madrugada. Café. Nenhum barulho. Nenhuma dor. Nada.

Um instante apenas
de paz
antes
do desconhecido
de um novo dia
na caótica dureza deste mundo.

Café e madrugada
por enquanto
Eu tenho quietude
e
estou em paz
Ah!
Eu adoro a quietude...

Whisper in my ear

Please,
Hug me!
Wrap me up in your arms
look into my eyes
and say to me that everything is gonna be OK.
Let me rest my head
in your chest.
Pat my hair
and whisper in my ear:
"*Dont' be afraid, my dear...*
Everything is gonna be OK".
Then
Take my fears and my sadness from me
with soft kisses...
Let me rest
in the shelter of your arms
listening your whisper:
"*Everything is gonna be OK!*
I'm here...
with you
my Love".

Sussurros no meu ouvido

Por favor,
Me abrace!
Me envolva nos teus braços
olhe nos meus olhos
e me diga que tudo vai ficar bem.
Deixa eu deitar minha cabeça
no teu peito.
Bagunce o meu cabelo
e sussurre no meu ouvido:
"*Não tenha medo, minha querida...*
Tudo vai ficar bem".
Então
Mande meus medos e minhas tristezas embora
com os teus beijos suaves...
Deixa que eu descanse
no abrigo dos teus braços
te ouvindo sussurrar:
"*Tudo vai ficar bem!*
Eu estou aqui...
contigo
meu Amor".

The bench surrounded by hydrangeas

Please,
Take me away.
Take me to a better place.
Hold my hand and
take me to a better place
a joyful place,
a colorful place,
full of Spring.
Please,
Take me to a better place.
Take me to a garden
Let me lay my head on your knees
While I get my body warmed up
by the sun
surrounded by hydrangeas...
Let me lay my head on your knees
And heal all the wounds in my soul
by the sun...
by the Spring...
Please,
Let me rest here,
in this better place.

O banco entre hortênsias

Por favor,
Me tira daqui.
Me leva para um outro lugar.
Segura a minha mão e
me leva para um lugar melhor
um lugar alegre,
um lugar colorido,
pleno de Primavera.
Por favor,
Me leva para um lugar melhor.
Me leva para um jardim
Deixa que eu deite a cabeça no teu colo
Enquanto meu corpo é aquecido
pelo sol
rodeado pelas hortênsias...
Deixa que eu deite a cabeça no teu colo
e tenha todas as feridas da minha alma curadas
pelo sol...
pela Primavera...
Por favor,
Me deixa descansar aqui,
neste lugar mais feliz.

The bubble in winter morning

Sunday morning, 11:00 a.m.
End of July.
It's cold outside
but the Sun comes in through the window
and floods everything
with its powerful and healing light.
My bed is covered by the Sun.
I lay on bed
searching for warmth.
I just stay in the Sun
the sweet and velvety Jooyoung's voice enfolds me
in love.
He whispers smoothly in my ears:
"*Gwaenchanha... Gwaenchanha...*"
Slowly I get in a bubble
maden by the Sun... by music... by peace...
My body and my soul are now warmed up.
The bubble protects me.
Everything else is out there.
I'm in peace and warmed up.
Maybe
(just maybe)

the God's hug
will be
just like this bubble.

A bolha na manhã de inverno

Domingo, onze horas da manhã.
Fim de julho.
Faz frio lá fora
mas o sol entra pela janela
e cobre tudo
com sua luz poderosa e curativa.
Minha cama está tomada pelo sol.
Eu me deito
em busca de calor.
Eu apenas fico ali ao sol
a voz doce e aveludada de Jooyoung me envolve
em amor.
Ele sussura suavemente em meus ouvidos:
"*Gwaenchanha... Gwaenchanha...*"
Devagar, eu entro numa bolha
feita de sol... de música... de paz...
Meu corpo e minha alma agora estão aquecidos.
A bolha me protege.
Tudo o mais fica do lado de fora.
Estou em paz e aquecida.
Talvez
(só talvez)
o abraço de Deus
seja
que nem essa bolha.

A cor da esperança

Estranhamente, a florada das paineiras foi até tarde este ano[*]: durou até a última semana de abril. Não me lembro de ver paineiras em flor depois de março.

Árvore alta, grande, vistosa e frondosa, uma paineira com sua florada em plenitude é uma explosão cor-de-rosa a saudar os olhos de quem vê – um verdadeiro convite ao sorriso, deixa o coração quentinho.

Essa florada estendida coincidiu com a floração das cerejeiras no hemisfério norte. Dei-me conta de que, enquanto na Ásia se sucediam os festivais da cerejeira saudando a floração rosa e, por conseguinte, a primavera, aqui em Porto Alegre nossas paineiras seguiam plenas de flores. Assim o mundo estava tomado de cor-de-rosa.

Percebi que lá o rosa das cerejeiras saúda o fim do inverno e a chegada da primavera e aqui o rosa das paineiras é a despedida do verão, antes do recolhimento do outono elas fecham um ciclo de cor e luz.

Olho a profusão de cerejeiras floridas no Instagram e vejo as paineiras em flor no meu caminho. A coincidência dessas duas floradas me leva à conclusão de que rosa é a

---

* 2022.

cor da Esperança: no Norte é o abre-alas da primavera; aqui é a saideira do verão. Ambas as florações cor-de-rosa fechando e abrindo ciclos, nos lembrando que tudo passa, mesmo o mais frio dos invernos ou o mais quente dos verões...

Rosa – a cor das cerejeiras, a cor da renovação.

Rosa – a cor da flor da paineira, a cor da despedida, a cor do outono, do desapego, do início da estação do "*deixar para trás*"...

Rosa – a cor da vida.

Rosa – a cor da renovação.

Rosa – a cor da esperança.

Escrevo isso porque rosa é a minha cor? Imagine! Essa minha constatação é totalmente isenta de imparcialidade.

Um dia

Um dia,
24 horas, 1.440 minutos, 86.400 segundos.
Qualquer coisa pode acontecer...
Uma verdadeira dízima não periódica de possibilidades...

Um dia
(qualquer coisa pode acontecer)
Uma chegada,
uma partida,
o início do fim,
ou o tão esperado recomeço...

Um dia,
24 horas.
(qualquer coisa pode acontecer)
Pode ser o dia
que quebrará a minha alma...
espalhando seus fragmentos por todos os cantos...

Um dia,
24 horas.
(qualquer coisa pode acontecer)

Pode ser o dia
em que reencontrarei
um pedaço perdido da minha alma
que eu nem lembrava mais
ter deixado para trás.

Um dia,
24 horas.
(qualquer coisa pode acontecer)
Pode ser o dia
em que encontrarei
hortênsias no meu caminho
que irão colorir as minhas horas
acalentando o meu coração ferido...

Um dia,
24 horas.
(qualquer coisa pode acontecer)
Pode ser justamente o dia
em que o Sol virá
para iluminar
uma noite muito escura.

Um dia,
24 horas.
(qualquer coisa pode acontecer)
Pode ser o dia
(aquele dia)
em que nuvens pesadas e escuras
desaguarão suas águas
sobre mim

encharcando
meu corpo, meus ossos, minha alma...

Um dia,
24 horas.
(qualquer coisa pode acontecer)
Pode ser o dia
em que o Manacá Teimoso
irá apresentar uma flor
fora da sua época determinada para florir...
alegrando, assim, as horas cinzas
de alguém muito necessitado de cor.

Um dia,
24 horas.
(qualquer coisa pode acontecer)
Pode ser o dia
em que serei acordada de madrugada
pelo primeiro canto dos sabiás
a noticiar
que aí vem
a esperada Primavera.

Um dia,
24 horas.
(qualquer coisa pode acontecer)
Pode ser justamente o dia
que trará, enfim,
o Perdão
a curar
um muito machucado coração...

Um dia,
24 horas.
(qualquer coisa pode acontecer)
Pode ser justamente o dia
em que, nas horas próximas do seu ocaso,
olharei para o céu
e verei
a trilha luminosa
formada pelo encontro
entre duas estrelas errantes e solitárias...

Um dia,
24 horas, 1.440 minutos, 86.400 segundos.
(qualquer coisa pode acontecer)
Até mesmo um milagre...
   (talvez)
Por que não?
O maior de todos os milagres:
o Amor...

Um dia,
24 horas, 1.440 minutos, 86.400 segundos.
(qualquer coisa pode acontecer)

Sobre mim

Nascida em Santa Maria, no ano de 1970.

Criada em Porto Alegre.

Em Porto Alegre cresci, vivi e (até hoje) vivo saudosa de ter a alma cercada pelos cerros da terra em que nasci.

Filha única. Divorciada. Professora. Aposentada. Espírita. Leitora. Bordadeira. Tricoteira. Crocheteira. Costureira. Arteira. Gateira. Dorameira. Passarinheira. Poeta.

Taurina do primeiro decanato com ascendente em Capricórnio.

Regida por tanto elemento Terra,
é claro que uma parte do meu nome
tinha que ser uma flor.
Elegi o rosa como cor.
(ou foi o rosa que me elegeu?)

Filha, neta e sobrinha de ferroviários
Meu sangue não corre em veias
mas em trilhos.

Filha e sobrinha de professoras
Professora me tornei.
Filha e sobrinha de professoras de francês
Et, alors,
je me suis aventurée
dans la langue française
guidée par ma mère.*

Leitora.
De tanto ler,
pelas palavras me apaixonei
e escritora me tornei.
Hoje tento bordar o sentido da vida
na escrita de poesias.

Com uma tia bordadeira
aos quatro anos de idade
aprendi a amar as agulhas
e
como minha tia Ruth
bordadeira também sou.

E porque um dia
antes de ferroviário
Alfaiate meu pai foi
Costureira
também passei a ser.

---

* E, agora, guiada pela minha mãe, também me aventurei pela língua francesa.

Gateira.
Com meus gatos aprendi
a amar mansamente e sem espalhafato
e que um gatinho
fazendo "pãozinho" no meu braço
na passagem do gatês para o humanês
pode ser traduzido por:
"Eu te amo daqui até a Lua..."

Aposentada.
Buscando a cura do corpo
aprendi a Ciência do Equilíbrio
alternando força e leveza
no espaço infinito
do meu tapete de yoga.

Dorameira
Escolhi ver e sonhar o mundo
com outras lentes
além das oferecidas por Hollywood.

Meu coração tem o formato
de uma clave de sol.
Música é o chão de estrelas
a conduzir o trem da minha vida
nas estações do tempo.
Vivaldi e Händel são meus bias
Bach é meu utt.
E também sou Army roxinha!

E, sim, é possível
ser apreciadora de música clássica
e
gostar de BTS também!
Pois a partitura da minha alma
é uma ode
à alteridade.

Nem gremista. Nem colorada. Fãzona de NFL.

Ah, você não vai conseguir
me colocar numa caixinha!
Mas você pode tentar!
Tente!...
Isso vai ser divertido...

À guisa de despedida...

Viajante da Vida, Você chegou aqui. O ciclo completou-se: eu escrevi, publiquei e você leu, talvez até releia e isso será a suprema felicidade, uma nova espiral desse movimento que iniciei ao tomar a decisão de entregar estas palavras a Você. E eu cumpri meu ciclo particular: sou agora borboleta de duas asas.

Eu sigo voando. Como voar faz parte do Ser de uma borboleta, escrever é parte do meu. Espero que um dia, qual borboleta, minhas palavras voltem a pousar em suas mãos.

A gente se vê, não nas esquinas da Vida, mas nas viradas de páginas dos meus futuros voos.

Até breve...

Capa e projeto gráfico: Bruna Dali
Revisão: Simone Borges
Fotos da autora: Alina Souza
Produção editorial: Maitê Cena
Assessoramento gráfico: André Luis Alt

C532q Chiappa, Rose
Quando as palavras curam / Rose Chiappa. – Porto Alegre : BesouroBox , 2025.
80 p.

ISBN 978-85-5527-175-5

1. Poesias brasileiras. 2. Literatura brasileira. 3. Literatura. I. Título.

CDD 22. ed. 869.1

Cip – Catalogação na Publicação
Tamara da Rosa Silva CRB-10/2812

Edições BesouroBox Ltda.
Rua Brito Peixoto, 224 - CEP: 91030-400
Passo D'Areia - Porto Alegre - RS
Fone: (51) 3337.5620
www.legiaopublicacoes.com.br

Impresso no Brasil
Julho de 2025.